Albert von der Kammer

Hütet die Herde

ISBN 3-921 292-25-5

3. Auflage 1992

Titelgestaltung: E. Platte, Wuppertal
Druck: Druckhaus Gummersbach
Printed in F.R.G.

INHALT

1. Timotheus 3

V.1 Das Wort ist gewiß: Wenn jemand nach einem Aufseherdienst trachtet, so begehrt er ein schönes Werk.

V.2 Der Aufseher nun muß untadelig sein, Mann einer Frau, nüchtern, besonnen, sittsam, gastfrei, lehrfähig,

V.3 kein Trinker, kein Schläger, sondern gütig, nicht streitsüchtig, nicht geldliebend,

V.4 der dem eigenen Haus gut vorsteht und die Kinder mit aller Ehrbarkeit in Unterordnung hält

V.5 -wenn aber jemand dem eigenen Haus nicht vorzustehen weiß, wie wird er für die Gemeinde Gottes sorgen? -,

V.6 nicht ein Neubekehrter, damit er nicht, aufgebläht, dem Gericht des Teufels verfalle.

V.7 Er muß aber auch ein gutes Zeugnis haben von denen, die draußen sind, damit er nicht in übles Gerede und in den Fallstrick des Teufels gerät.

Titus 1

V.5 *Deswegen ließ ich dich in Kreta zurück, damit du, was noch mangelte, in Ordnung bringen und in jeder Stadt Älteste anstellen solltest, wie ich dir geboten hatte,*
V.6 *wenn jemand untadelig ist, Mann einer Frau, gläubige Kinder hat, die nicht eines ausschweifenden Lebens beschuldigt oder aufsässig sind.*
V.7 *Denn der Aufseher muß untadelig sein als Gottes Verwalter, nicht eigenmächtig, nicht jähzornig, nicht dem Wein ergeben, nicht ein Schläger, nicht schändlichem Gewinn nachgehend,*
V.8 *sondern gastfrei, das Gute liebend, besonnen, gerecht, heilig, enthaltsam,*
V.9 *der an dem der Lehre gemäßen zuverlässigen Wort festhält, damit er fähig sei, sowohl mit der gesunden Lehre zu ermahnen als auch die Widersprechenden zu überführen.*

1. Petrus 5

V.1 Die Ältesten unter euch nun ermahne ich, der Mitälteste und Zeuge der Leiden des Christus und auch Teilhaber der Herrlichkeit, die geoffenbart werden soll:

V.2 Hütet die Herde Gottes, die bei euch ist, nicht aus Zwang, sondern freiwillig, Gott gemäß, auch nicht aus schändlicher Gewinnsucht, sondern bereitwillig,

V.3 nicht als die da herrschen über die ihnen anvertrauten Anteile der Herde, sondern indem ihr Vorbilder der Herde werdet.

V.4 Und wenn der Oberhirte offenbar geworden ist, so werdet ihr den unverwelklichen Siegeskranz der Herrlichkeit empfangen.

Hütet die Herde!

Wenn ich im Anschluß an unsere Schriftstellen einige Gedanken über die Ältesten weitergebe, so tue ich es in dem Wunsch, den jungen Gläubigen eine Hilfe zu sein, da über die Frage der Ältesten in unseren Tagen viel Verwirrung und Unklarheit herrscht.

Der 5. Vers unseres Kapitels (Titus 1) sagt uns, weshalb Titus in Kreta zurückgelassen wurde. Ähnliches finden wir auch in Bezug auf Timotheus gesagt. Der Apostel schreibt Timotheus: "Ich bat dich, in Ephesus zu bleiben, auf daß du etlichen gebötest, nicht andere Lehren zu lehren." (1.Timotheus 1,3). In *Ephesus* bestand die Gefahr falscher Belehrungen. Ungesunde Lehren wurden gelehrt, die alles auf den Kopf stellten. In Kreta bestand die Gefahr der Unordnung. Paulus schreibt Titus: "Deswegen ließ ich dich in Kreta, daß du, was noch mangelte, in Ordnung bringen ... möchtest."

"Gott ist kein Gott der Unordnung" (1.Korinther 14,33) sondern ein Gott, der Ordnung haben will. Wenn Er ein Haus auf Erden hat, dann will Er keine Unordnung in Seinem Hause sehen. Wir wissen, daß alle Gläubigen Hausgenossen Gottes geworden sind. Gottes Haus ist ein Bau aus lebendigen Steinen. Diese lebendigen Steine sind du und ich und alle, die durch Gottes Gnade mit dem "lebendigen Stein", dem Herrn Jesus, in Berührung gekommen sind: aus ihnen besteht das Haus Gottes. Wenn nun Gott in unserer Mitte wohnt, will Er, daß alles in Ordnung ist. Gott hat uns über die Ordnungen Seines Hauses Anweisungen gegeben. Wir leben nicht im Dunkel darüber. Der erste Korintherbrief, wie auch die Timotheusbriefe sind voll Belehrungen über dieses Thema, und hier im Titusbrief empfängt Titus die spezielle Anweisung, das in Ordnung zu bringen, was noch mangelhaft war.

Titus scheint ein energischerer Charakter als Timotheus gewesen zu sein, denn Paulus mußte den Korinthern schreiben, daß sie zusehen sollten, daß Timotheus "ohne Furcht" bei ihnen sei (1.Korinther 16,10).

Titus erschien dem Apostel als geeigneter Mann für Kreta, dem er sagen konnte: "Bringe es in Ordnung"! Wir finden den Namen des Titus oft an den Stellen, wo es Schwierigkeiten und etwas zu ordnen gab, so z. B. mit Paulus zusammen in Jerusalem, als es galt, die Beschneidungsfrage zu ordnen, dann auch in Korinth, wo große Schwierigkeiten bestanden und Zucht geübt werden mußte.

Die Gaben und Aufgaben, die der Herr jedem zuteilt, sind ganz verschieden. Das, was ich zu tun habe, hast du vielleicht nicht zu tun. Wir alle sind immer gern bereit, das zu tun, was einem anderen zu tun aufgetragen ist. Möchten wir lernen, da zu stehen, wo der Herr uns hinstellt und den Platz auszufüllen, den Er uns zugeteilt hat. Wie viele Schmerzen, Torheit und Aufhalten der Arbeit sind oft dadurch eingetreten, daß man sich in die Aufgaben anderer hineinmischte! Wenn der Herr nicht so langmütig wäre und in Seiner Gnade "das oft abgeschlagene Ohr" geheilt hätte, wir hätten schon längst alles verdorben und durcheinander gebracht.

Die *Sorge* des Herrn über Sein Haus und für die Ordnung Seines Hauses sehen wir in ganz besonderer Weise in den Ältesten, welche Er durch den Heiligen Geist der Gemeinde gibt. Ehe ich aber etwas über die Ältesten sage, muß ich auf den

Unterschied zwischen den Diensten der Ältesten und den Gaben,

die der Herr Seiner Gemeinde für ihre Auferbauung gegeben hat, (Evangelisten, Hirten, Lehrer) aufmerksam machen. Wird dieser Unterschied nicht beachtet, so müssen natürlich verkehrte Dinge daraus hervorkommen. Es ist deshalb wichtig, etwas näher darauf einzugehen.

Der Herr hat Seiner Gemeinde *Gaben* gegeben. Er hat Männer ausgerüstet als Evangelisten, Hirten und Lehrer für die Auferbauung Seiner Gemeinde. Der Dienst eines Evangelisten, eines Hirten oder eines Lehrers ist ganz anderer Art als der Dienst eines Ältesten.

Der Dienst eines Ältesten ist nicht unbedingt abhängig von dem Besitz einer solchen Gabe. Wir ersehen aus 1.Timotheus 5,17, wo wir lesen: "Die Ältesten, welche wohl vorstehen, laß doppelter Ehre würdig geachtet werden, sonderlich die da arbeiten in Wort und Lehre!" - Woraus klar hervorgeht, daß nicht alle Ältesten begabt waren, als Evangelisten oder Lehrer zu arbeiten. Wohl aber waren Liebe, Treue und Hingabe an den Herrn für ihren Dienst erforderlich und weiterhin alle die Eigenschaften, die in 1.Timotheus 3 und Titus 1 aufgezählt sind. Diese Eigenschaften, die für einen Ältesten ein Erfordernis waren, waren aber andererseits wieder kein unbedingtes Erfordernis für die Ausübung der vom Herrn verliehenen Gaben.

Laßt uns einen Augenblick beachten, was in Epheser 4 über die *Gaben* gesagt ist: Im 8.Vers lesen wir, daß der Herr "den Menschen Gaben gegeben hat". Damit sich aber keiner rühmt (als habe er diese Gaben aus sich selbst) und den anderen verachte, wird zuvor mit Nachdruck festgestellt, (Vers 7), daß "jedem einzelnen die *Gnade* gegeben worden ist nach dem Maße der Gabe des

Christus". Obwohl somit jede Gabe ihre Herkunft aus der Gnade hat (siehe 1.Korinther 12,4ff), so ist sie doch sehr verschieden, je nach dem *Maße* der Gabe des Christus.

So hat der Herr den Einzelnen *Gaben* gegeben und diese Einzelnen selbst wieder der Gemeinde (1.Korinther 12,28) "*gegeben* als Evangelisten, Hirten und Lehrer..." für die Auferbauung Seines Leibes (Epheser 4,11.12). (Er *begabte* und machte *sie* zur *Gabe* an Seine Gemeinde).

Obwohl jeder Gläubige den Heiligen Geist als die Gabe Gottes besitzt und durch den Heiligen Geist versiegelt und gesalbt ist und das Unterpfand des Erbes hat, so ist es doch etwas ganz anderes, wenn einem solchen Gläubigen noch eine gewisse Gabe von dem Herrn für die Auferbauung Seiner Gemeinde gegeben wird. Auch das 12. Kapitel des Römerbriefes und das 12. und 14. Kapitel des 1.Korintherbriefes sprechen von solchen Gaben. Im 1.Korintherbrief finden wir weit mehr Gaben angeführt als hier in Epheser 4. Dort spricht der Apostel über die Gaben von einem weiteren Gesichtspunkt aus, indem er auch die Wundergaben mit aufführt, durch welche Gott "nach seinem Willen" (solange Er es für nötig hielt) das Zeugnis Seiner Knechte bestätigte (Hebräer 2,4). Der Epheserbrief spricht dagegen nur von den Gaben für die Auferbauung des Leibes Seiner Gemeinde. Während er jene Gaben darreichte, durch welche Gott in Zeichen und Wundern das Zeugnis Seiner Knechte, solange es Ihm gefiel, bestätigte und "mitzeugte", bleiben diese (Evangelisten, Hirten und Lehrer) Seiner Gemeinde erhalten, solange sie in dieser Welt ist.

In unserer Epheserstelle werden uns zuerst die Gaben: Apostel und Propheten genannt. Aus Epheser 2,20: "aufgebaut auf die Grundlage der Apostel und Propheten", sehen wir, daß der Herr durch diese die Grundlage für den Bau Seiner Gemeinde legte. Dann folgen die Gaben: Evangelisten, Hirten und Lehrer, die bestimmt sind für den Aufbau der Gemeinde auf dieser von den Aposteln und Propheten gelegten Grundlage. So konnte Paulus sagen (1.Korinther 3,10), daß er "den Grund gelegt habe". Der Grund- und Eckstein ist Christus. Wie gesagt, der Dienst der

Apostel und Propheten war grundlegend. Nachdem der Grund gelegt war, hat dieser grundlegende Dienst der Apostel und Propheten seinen Abschluß gefunden, und wir haben deshalb keine Fortführung dieses grundlegenden Dienstes mehr in noch heute lebenden Personen, weil für einen Bau nicht immer wieder neue Grundlagen zu legen sind, sondern danach die aufbauenden Arbeiten zu folgen haben. Für die aufbauenden Arbeiten auf diesen gelegten Grundlagen hat der Herr die Evangelisten, Hirten und Lehrer gegeben. Diese haben wir heute noch, und sie werden bleiben bis "zur Vollendung der Heiligen." Die Apostel und Propheten und ihren Dienst haben wir noch in der Heiligen Schrift, aber nicht mehr in lebenden Personen, und wir verharren, wie im Anfang, in ihrer Lehre (Apostelgeschichte 2,42)[1].

---

[1] Beachtet, es heißt in Apostelgeschichte 2,42 nicht: Sie verharrten bei oder mit den Aposteln, sondern: "Sie verharrten in der Lehre der Apostel". Die Apostel haben wir nicht mehr, aber wir haben noch ihre Lehre, und darin können wir, wie am Anfang, verharren (Vgl. 1.Johannes 2,24)

Dagegen aber haben wir die **auferbauenden** Gaben noch heute in **lebenden** Personen, und Männer mit diesen Gnadengaben werden durch die Treue des Herrn Seiner Gemeinde erhalten bleiben, bis Er kommt, um sie zu sich zu nehmen.

Wie schon gesagt, jeder Gläubige hat den Heiligen Geist, aber nicht jeder Gläubige hat durch den Heiligen Geist eine von diesen **auferbauenden** Gaben empfangen. Wohl besitzt jedes Glied am Leib Christi eine Gnadengabe (1.Petrus 4,10), womit es dienen soll, und jeder hat nach diesem Maße beizutragen für das Wachstum des Leibes, mitzuhelfen in der Ausbreitung des Evangeliums, Mitsorge zu tragen für seine Brüder und seines Bruders Hüter zu sein. Aber damit ist noch nicht gesagt, daß jeder, der in dieser Weise dient, schon etwa eine Gnadengabe zum Evangelisieren, Lehren etc. empfangen habe oder der Gemeinde als Evangelist, Hirte oder Lehrer gegeben sei. Und doch hat jedes Glied etwas von dem Herrn empfangen, womit es dienen kann. Und selbst der einfachste und verborgenste Dienst, der nach dem ihm von Gott zugeteilten Maße und in der Kraft, die Gott darreicht, ausgeübt wird, dient zum Wachstum des Leibes und ist voll Segen und Gewinn, wenn er auch den Augen der Menschen verborgen bleiben mag.

Die Dienste der Ältesten sind rein örtlich begrenzte Dienste

und stehen darin im Gegensatz zu den Diensten der Gaben. Eine Gabe kommt überall zur Anwendung. Ein Evangelist dient überall, wo der Herr ihm Gelegenheit gibt als Evangelist, in der Verkündigung des Evangeliums. Ein Lehrer ist überall ein Lehrer, und wo der Herr ihn hinführt, dient er als Lehrer den Heiligen mit seiner Gabe.

Ein Ältester ist **nicht** überall ein Ältester und kann nicht überall den Ältestendienst ausüben. Er ist in der Ausübung seines Dienstes an die Ortsgemeinde gebunden, in der ihm dieser Dienst vom Heiligen Geist anvertraut ist. Ein Ältester in Ephesus hatte seine Aufgabe als Ältester **nur** in Ephesus, aber nicht in Kreta, und ein Ältester in Kreta konnte nicht in Ephesus oder einer Nachbarversammlung Ältestendienst tun. Ein Ältester hatte eben nur in der örtlichen Gemeinde seinen Dienst. Ein Bruder, der z.B. Ältestendienste in Berlin tut, kann nicht, weil er solche in Berlin tut, diese auch in Dresden tun. Kommt ein solcher in eine andere Ortsgemeinde, so kommt er nicht als Ältester in diese Gemeinde, sondern als ein Bruder im Herrn und er ist ein Bruder unter Brüdern. Ein Evangelist, Hirte oder Lehrer aber ist dies überall, und die Schrift zeigt uns, wie solche Brüder hin und her in den verschiedenen Ortsgemeinden mit ihrer Gabe dienten.

Wenn diese Unterschiede zwischen den Gaben, die zur Auferbauung des Leibes Christi gegeben sind, und den Diensten der Ältesten, die mit einer Ortsgemeinde verbunden und auf diese beschränkt sind, nicht unterschieden werden, so müssen natürlich verkehrte Dinge daraus hervorgehen. Wie oft hört man Worte wie: "Herr O... ist der Evangelist unserer Gemeinde" oder: "Der Evangelist der Gemeinde in N.N. wird heute hier das Evangelium verkündigen." Die solches sagen, zeigen, daß sie noch nicht gelernt haben, daß die Gaben der Gesamt-Gemeinde

Christi, aber nicht einer örtlichen Gemeinde gegeben sind. Wo ein solcher Bruder auch seinen Wohnsitz haben mag, die ihm verliehene Gabe ist ihm für die Auferbauung des Leibes gegeben. Wo die Glieder dieses Leibes sich auch befinden, die Gaben sind zu ihrer Vollendung gegeben, und der Empfänger der Gabe ist dem Herrn verantwortlich, sie **da** auszuüben, wo irgend der Herr ihn hinführt.

Nirgendwo finden wir in der Heiligen Schrift einen Hinweis, daß eine Gemeinde sich ihre "Gaben" (Evangelisten, Hirten usw.) selbst wählte, sondern Gott gibt sie Seiner ganzen Gemeinde (1.Korinther 12,28). **Er** sendet Arbeiter zum Säen, und Arbeiter zum Ernten; aber die Gemeinde beruft sich nicht Kandidaten zu Probepredigten, und hält Prüfungen darüber ab und überträgt einem dann das Amt, das Wort zu predigen. Solche Dinge kennt Gottes Wort nicht.

Jemand mag sagen, die Schrift spricht aber doch von einem "Amt des Wortes" (Apostelgeschichte 6,4) und in Verbindung mit den Evangelisten, Hirten usw. wird in

Epheser 4,11.12 doch von dem "Werk des Amtes" gesprochen, und weiter möchte jemand sagen, daß in dem Wort "Amt" doch ganz folgerichtig ein Angestelltsein, ein Übertragen gewisser Dienste enthalten ist. Ganz sicher wäre dieses richtig, wenn die **Heilige Schrift** von einem "Amte" sprechen würde, aber dies ist eben nicht der Fall. Luther hat in seiner Übersetzung das griechische Wort *diakonia*, was "Dienst" bedeutet, wohl an einigen Stellen richtig mit Dienst wiedergegeben (Römer 15,31; 1.Korinther 16,25; 2.Timotheus 4,11; Hebräer 1,14), aber an fast allen anderen Stellen dafür "Amt" gesetzt. Durch diese ungenaue Übersetzung sind manche irregeleitet worden und haben angenommen, daß die Schrift von einem "Amt des Wortes" usw. rede, während die Schrift jedoch von einem "Dienst des Wortes" spricht, denn an allen diesen Stellen steht das griechische Wort *diakonia*, welches nur die Bedeutung des Dienstes, aber nicht des Amtes hat.

Wenn wir uns nun von dem Unterschied zwischen Gaben und Ältestendienst mehr den Ältesten und ihrem Dienst zuwenden, so mag hier gleich gesagt sein, daß **in keiner Gemeinde nur ein Ältester** gefunden wird. Immer gab es in einer Gemeinde

mehrere Älteste.

Wo immer die Schrift auch von den Ältesten der Gemeinden redet, ob in Jerusalem, in Ephesus, in Philippi, in Kreta, überall redet sie von den Ältesten in der Mehrzahl, und wir lesen von den Aposteln, daß sie in jeder Gemeinde "Älteste" wählten, und dasselbe zu tun, war auch Titus beauftragt (Apostelgeschichte 14,23; Titus 1,5). Als Paulus den Philippern schrieb, adressierte er seinen Brief an: "Alle Heiligen in Christus Jesus, die in Philippi sind, mit den Aufsehern und Dienern". Philippi war keine große Stadt, aber in der Gemeinde gab es mehrere "Aufseher". Wie ganz anders ist es heute! Zur Zeit der Apostel hatte eine Gemeinde mehrere Aufseher, oder, wie Luther übersetzt, "Bischöfe". Heute hat ein Bischof mehrere Gemeinden - oder die Gemeinden eines ganzen Landes!

Die Ältesten werden in der Schrift auch Aufseher genannt.

Das eine Wort weist mehr auf die gereifte Persönlichkeit, das andere mehr auf die Art ihres Dienstes hin, aber beide bezeichnen dieselben Personen. So ermahnt Petrus die Ältesten, die "Aufsicht nicht aus Zwang zu führen", und Paulus sagte den "Ältesten" in Ephesus, daß der Heilige Geist sie als "Aufseher" gesetzt habe, und ebenso wird zu Titus in bezug auf die "Ältesten" gesagt, daß der "Aufseher" untadelig sein müsse (Apostelgeschichte 20,28; Titus 1,5.6). Dieser wechselweise Gebrauch der beiden Bezeichnungen "Älteste" und "Aufseher", beweist deutlich, daß mit beiden die gleichen Personen gemeint sind. In den Ältesten oder Aufsehern sehen wir die Sorge des Herrn für Sein Haus. Er läßt Sein Haus nicht ohne Aufsicht. Wenn wir verreisen, so lassen wir unser Haus möglichst auch nicht ohne Aufsicht, und der Herr hat Sein Haus auch nicht ohne Aufsicht gelassen. Für die Zeit Seiner Abwesenheit hat der Herr in Seiner treuen Sorge seiner Gemeinde Aufseher gegeben, die als "Gottes Verwalter" die Herde Gottes hüten sollen (Titus 1,7; 1.Petrus 5,1.2).

Die Aufseher haben darauf zu achten, daß alles ordentlich im Haus Gottes zugehe: Gottes Haus soll keine Stätte der Unordnung oder der Willkür der Menschen sein. Du und ich,

wir stehen alle unter Aufsicht.

Manche Kinder Gottes wollen nicht unter Aufsicht stehen, sondern nach eigenem Gutdünken leben, handeln und sich bewegen. So etwas gibt es nicht im Hause Gottes. Du erlaubst solche Willkür nicht einmal in deinem Haus. Noch viel weniger ist das zulässig im Haus Gottes. Wenn du der Gemeinde Gottes angehörst und dich mit denen, die auf diesem Grunde (als Gottes Gemeinde) zusammenkommen, versammelst, dann bist du **da**, wo der Heilige Geist Aufseher gesetzt hat, und dieser Dienst findet dann seine Anwendung auch auf dich und mich, und wir sollten darin dankbar die treue Sorge des Herrn über uns anerkennen. Ein Herz aber, in dem noch der eigene Wille wohnt und was noch nicht gelernt hat, sich jedem Wort des

Herrn zu beugen, liebt es nicht, unter Aufsicht zu stehen. Deshalb sieht man heute zuweilen so traurige Gestalten unter den Kindern Gottes, die wie Zigeuner leben, die von einem Platz zum anderen ziehen, überall gastieren und sich so jeder Aufsicht entziehen, um nach ihren eigenen Ideen und nach ihrem eigenen Willen leben und sich bewegen zu können. Ihr eigener Wille ist ihr Götze, dem sie huldigen (1.Samuel 15,23). Paulus ermahnt: "Flieht den Götzendienst" (1.Korinther 10,14). Möchte der Herr uns vor solchem Zigeunersinn bewahren.
Laßt uns nun einen, wenn auch nur kurzen Blick auf

den Dienst der Ältesten

richten! Ihre Aufgaben bestanden grundsätzlich nicht, wie wir schon gesehen haben, in der Verkündigung des Evangeliums oder in dem Dienst am Wort, ihre Aufgaben waren anderer und gar mannigfaltiger Art, die schon in ihrer Bezeichnung als "Aufseher" ausgedrückt lagen.

Zuerst laßt uns beachten, daß der Herr selbst uns in der Heiligen Schrift als "Aufseher" gezeigt wird. Petrus schreibt: "Ihr seid zurückgekehrt zu dem 'Hirten und Aufseher' eurer Seelen" (1.Petrus 2,25). In Ihm haben wir das große Vorbild des Aufsehers. So wie Er den Schafen der Herde "Hirte und Aufseher" ihrer "Seelen" ist, so bezieht sich der Dienst der Ältesten auch auf die Herde und auf die Seelen der Schafe[1]. Wie herrlich ist

---

[1] Es ist auch nicht unwichtig, zwischen der Hirtengabe eines "Hirten" (nach Epheser 4) und dem Hirtendienst eines "Ältesten" zu unterscheiden. Beide, die "Hirten" wie auch die "Ältesten", haben es mit der Herde zu tun. Die "Hirten" führen durch ihre Gabe die Herde auf Auen, wodurch das innere Leben mit Christus genährt wird. Die "Ältesten" hüten die Herde indem Sinne von "habt acht ... auf die ganze Herde" und "hütet die Herde ... indem ihr die Aufsicht führt" (Apostelgeschichte 20,28; 1.Petrus 5,2). Der Dienst der "Hirten" besteht in dem Gebrauch ihrer "Gabe", die Herde zu weiden in ihrem inneren Wachstum und Verbundensein mit Christus. Der Hirtendienst der "Ältesten" besteht in achthabender Sorge auf die Herde, daß alles

(Fortsetzung...)

Gottes Gemeinde! Er rüstet sie mit allem aus, was für die Leiber und Seelen der Seinigen nötig ist. Er gibt Gaben, Er setzt Aufseher, gibt Diener und Dienerinnen. Die Gaben und die Ältesten sind für die Seelen, die Diener und Dienerinnen sind um die leiblichen und irdischen Dinge der Heiligen besorgt. Wie wenig wird heute die Gemeinde Gottes nach den Gedanken des Herrn erkannt!

Die Ältesten hatten der Gemeinde vorzustehen als Gottes Verwalter (1.Timotheus 5,17; Titus 1,7). Deshalb mußten es Männer sein, die untadelig waren und die ihre Fähigkeit zum Vorstehen in ihren Häusern bewiesen haben. Denn wenn jemand seinem eigenen Haus nicht wohl vorstehen konnte, wie wäre er fähig, die Gemeinde Gottes zu besorgen? Würdest du einen Mann nehmen, dei-

---

[1](...Fortsetzung)
dem Erzhirten gemäß sei. Der Dienst der "Hirten" umfaßt alle Schafe der einen Herde des großen Hirten. Der Dienst der Ältesten umfaßt die örtliche ganze Herde, "in welche der Heilige Geist sie als Aufseher gesetzt hat".

nem Haus vorzustehen, der seinem eigenen Haus nicht wohl vorsteht? Wie konnten sie zurechtweisen, wenn sie nicht selbst tadellos waren?

Sie sollten an ihrem Platz als Gottes Verwalter stehen, und Petrus ermahnt sie deshalb, die Aufsicht zu führen,

nicht als die da herrschen

über ihre Besitztümer. Die Gefahr für den Knecht ist, sich als Herr zu fühlen. Wie ungeziemend ist es, wenn ein Arbeiter von Gottes Ackerfeld als von "seinem Ackerfeld", von "seiner Gemeinde" redet. Wie unangenehm und oft lächerlich berührt es schon, wenn ein Arbeiter von dem Besitz seines irdischen Herrn als von seinem Besitz, von seinem Geschäft redet, und doch, wie ungleich widerlicher ist es, wenn ein Knecht Jesu Christi von Gottes Gemeinde als von seiner Gemeinde redet. Solche ungeziemenden Worte sollten nie von uns gehört werden! Die hohen Apostel redeten nicht so: Sie sprachen von Gottes Gemeinde, von Gottes Herde, von Gottes Bau, von Gottes Ackerfeld, und der Herr Jesus sagte zu Petrus: "Weide meine Schafe!" Wenn das Bewußtsein, an Gottes Gemeinde als Mitarbeiter dienen zu dürfen, tiefer in unseren Herzen wurzelte, mit wieviel mehr hingebender Liebe und sich selbst verleugnender Demut würde dann jeder seine Aufgabe in Gottes Gemeinde erfüllen! Die Lippen aber, die so gewohnheitsmäßig von "meiner Gemeinde" usw. reden (und oft liegt darin eine nur zu traurige Wahrheit), offenbaren nur, wie dieses Bewußtsein am Erlöschen ist, und dafür Geltungssucht und falsches Selbstbewußtsein im Herzen Platz genommen haben. Solche sieht man dann auch oft wie Regenten in ihren Gemeinden herrschen.

Wie ernst ist deshalb auch dieses Wort der Ermahnung: "Die Aufsicht zu führen, nicht als die da herrschen über ihre Besitztümer, sondern indem ihr **Vorbilder der Herde** seid." Nicht das Herrschen, sondern das Vorbild soll bei den Ältesten gefunden werden. Nicht durch Befehl, sondern durch ihr Beispiel sollen sie die Herde leiten und ordnen.

Die Aufseher hatten es mit allen Klassen zu tun: mit den Schwachen, mit den Unwissenden, mit den Widersprechenden, mit den Betrügern, mit den falschen Lehrern usw. Sie hatten zu ermahnen, zu ermuntern, zu stärken, zurechtzuweisen usw. Ein solcher Dienst ist keine Kleinigkeit! Wie ernst und wichtig dem Paulus der Dienst der Ältesten war, sehen wir aus Apostelgeschichte 20,31. Er hatte die Ältesten der Gemeinde in Ephesus nach Milet gerufen, um ihnen noch einmal die Sorge für die ganze Herde in Ephesus ans Herz zu legen, und dann sagte er ihnen prophetisch voraussehend, daß aus ihrer - der Mitte der Ältesten - Jünger aufstehen würden, die verkehrte Dinge reden und die Männer hinter sich herziehen würden. Das sind furchtbare Zeiten für die Gemeinde, wenn es dem Feind gelingt, aus den Reihen der Ältesten Männer des Vertrauens für sein Ziel zu gebrauchen, die Gemeinde Gottes zu zerstören. Wie groß ist dann die Gefahr für die Arglosen, Unwissenden und Unbefestigten! Der Apostel hatte solche Angriffe des Feindes durchgemacht, und er sah, daß solche Tage und Kämpfe auch für sie kommen würden. Da sollten sie wachsam sein und sich seiner erinnern, wie er Nacht und Tag nicht aufgehört habe, einen jeden mit Tränen zu ermahnen. Solch ein

Nacht- und Tag-Dienst, ein Dienst mit Tränen,

ist der Dienst der Ältesten, insonderheit dann, wenn die Unwissenden und Unbefestigten von der gesunden Lehre abgezogen und zu Männern, die verkehrte Dinge reden, hingezogen werden. Mit wieviel Schmerz sind dann die Ermahnungen verknüpft, wenn solche Arglosen, verführt, anfangen, ihre Herzen denen zuzuneigen, "die verkehrte Dinge" reden.

Kannst du etwas verstehen von dem Schmerz und den Tränen, die Paulus weinte? Kannst du verstehen, daß treue Männer weinen, wenn sie sehen, daß ein Herz so vom Irrtum geblendet ist, daß es "das Bild der gesunden Worte" (2.Timotheus 1,13.14) nicht mehr sieht, die Ermahnungen nicht mehr versteht und annimmt? Wenn das Ermahnen schon schwer ist, wieviel schwerer noch ist das Zurechtweisen und das Überführen der

Widerspenstigen, wo so oft Liebe mit Haß beantwortet wird, oder wenn es sich darum handelt, "Betrügern und zügellosen Schwätzern den Mund zu stopfen."

Dieses Wort in Titus 1,10 in bezug auf die Schwätzer zeigt uns, daß die Gemeinde nicht zum Tummelplatz für jeden Geist gemacht werden darf, wo Schwätzer reden dürfen. Schwätzern den Mund zu stopfen, ist nicht so einfach getan, wie manche denken, die da meinen, daß Mundstopfen gut zu verstehen und es mit einem "Halte deinen Mund" glauben abtun zu können. In dieser Weise soll der Mund von den Ältesten nicht gestopft werden. Auch das muß von dem Herrn Jesus gelernt werden! Wie manches Beispiel haben wir von Ihm hierfür in der Heiligen Schrift: In Matthäus 22,31-34 z.B. sehen wir, wie Er einst den Sadduzäern "den Mund stopfte", (Luther: "wie er den Sadduzäern das Maul gestopft hatte", - eine gute Übersetzung ist auch "verstummen gemacht hatte"!) Er ließ das Licht Gottes und die Herrlichkeit Seiner Gedanken so auf sie fallen, daß sie einfach verstummen mußten. Das ist die Art, wie auch heute den Schwätzern der Mund gestopft werden soll: "Die gesunden Worte, die unseres Herrn Jesus Christus sind und die Lehre, die nach der Gottseligkeit ist" (1.Timotheus 6,3), sollen so auf das Herz und Gewissen gelegt werden, daß diese Schwätzer gar nicht anders können, als still zu sein.

Paulus sagt von diesen Schwätzern, daß sie ganze Häuser umkehren, und wie manches Haus ist schon durch Schwätzer umgekehrt worden, wenn wir denken an die Arbeit der Adventisten, Christlichen Wissenschaftler, sogenannte Zeugen Jehovas etc.

Aber gibt es nicht auch noch andere Schwätzer, törichte, unbedachte und verleumderische Schwätzer? Haben wir nicht schon gesehen, daß Arbeiter im Werke des Herrn entmutigt und ganze Versammlungen durch solche Schwätzer fast zugrunde gerichtet wurden? Wie wichtig ist daher ein solcher Dienst, der durch die Kraft des Wortes Gottes die Gewissen berührt und den Schwätzern den Mund stopft!

Der Aufseher mußte fähig sein,

"mit der gesunden Lehre"

zu ermahnen. Die Lehre war für Paulus eine höchst wichtige Sache. Heute ist es anders geworden, man sagt: Nur keine Lehre, Lehre ist nicht wichtig, das Leben ist wichtig: oder "erst das Leben und dann die Lehre". Manche haben geradezu Furcht vor der Lehre und warnen, sich mit der Lehre der Apostel zu beschäftigen, als ob sie etwas Gefährliches für das christliche Leben sei. Die das sagen, wissen nicht, wie töricht sie reden.

Von welchem Leben reden sie, von dem Leben nach dem Wohlgefallen der Menschen oder von dem Leben nach dem Wohlgefallen Gottes? Kann man nach dem Willen der Menschen leben, ohne die Gedanken der Menschen zu kennen? Und kann man nach dem Willen Gottes leben, ohne den Willen Gottes zu kennen? Wie töricht, das Leben der Lehre voranzustellen oder das Leben von der Lehre trennen zu wollen! Muß nicht durch die Lehre erst dem Leben der Kinder Gottes die Richtung gegeben werden? "Um dem Willen Gottes zu leben" (wie Petrus in 1.Petrus 4,2 schreibt) müssen wir erst die Belehrungen über den Willen Gottes haben. Die Lehre macht uns mit Gottes Willen bekannt. Wie töricht deshalb, das Leben an die erste Stelle und die Lehre an die zweite oder dritte Stelle zu stellen und von dem christlichen Leben als Hauptsache, und von der Lehre als unwichtig oder nebensächlich zu reden! Lehre und Leben sind untrennbar verbunden. Wird das eine von dem anderen geschieden und stehen beide miteinander nicht im Einklang, so müssen verkehrte Dinge daraus hervorkommen. **Ist die Lehre ohne das entsprechende Leben, so wird die Lehre verlästert** (1.Timotheus 6,1). **Ist das Leben des Gläubigen nicht nach dem zuverlässigen Wort der Lehre ausgerichtet, so muß sein Leben eine falsche Darstellung des Willens und der Gedanken Gottes sein.** Mit welchem Ernst ermahnt Paulus: "Habt acht auf die Lehre", "haltet fest das Bild gesunder Worte", "bewahre das schöne anvertraute Gut"! Paulus hatte keine Furcht, immer wieder die Lehre zu berühren.

In diesen kurzen Briefen an Timotheus und Titus spricht er siebzehnmal von der Lehre: Er stellt nicht, wie etliche heute, die Sache auf den Kopf. Er wußte, daß, wenn Leben und Wandel nach dem Willen Gottes sein sollten, die Belehrungen darüber voraus gehen müssen! Er betete für die Kolosser, "daß sie erfüllt sein möchten mit der Erkenntnis Seines Willens". Warum? Um würdig des Herrn zu wandeln (Kolosser 1,10). Und Epaphras rang für die Kolosser. Um was? Daß sie völlig überzeugt in allem Willen Gottes stehen möchten (Kolosser 4,12). Als Paulus die Epheser ermahnte, "sorgfältig" zu wandeln, fügte er hinzu: "Nicht als Törichte, sondern als Verständige, die da wissen, *was* der Wille des Herrn sei" (Epheser 5,15-17). David betet: "Lehre mich tun Deinen Wohlgefallen" (Psalm 143,10). Alle diese Männer wußten, daß sie für das Tun nach Gottes Wohlgefallen die Lehre nötig hatten.

Heute jedoch scheint diese Ordnung Gottes, die uns die Schrift zeigt, in den Augen etlicher Gotteskinder Unordnung und gefährlich zu sein! Sicher ist die Lehre gefährlich, aber nicht für das Leben nach dem Willen Gottes, sondern für das Leben "nach den Überlieferungen und Lehren der Menschen" (Kolosser 2,8.22; Markus 7,8). Und wieviel "Wind der Lehre" (Epheser 4,14) umweht uns heute! Wie groß ist die Zahl derer, die durch "mancherlei und fremde Lehren" fortgerissen sind! Das, "was von Anfang war", die "gesunde Lehre", ist heute so fremd geworden, daß dem, der in der Lehre der Apostel bleibt, nichts Besonderes geschieht, wenn er von den Christen heute, wie einst Paulus von den Heiden, angesprochen wird: "Können wir erfahren, was diese neue Lehre ist, von welcher du redest? Denn du bringst etwas Fremdes vor unsere Ohren" (Apostelgeschichte 17,19).

Er, der inmitten der sieben goldenen Leuchter wandelte, sagte zu Pergamus: "Ich habe wider dich, daß du solche dort hast, welche

die Lehre Bileams

festhalten." (Offenbarung 2,14). Zu wie vielen Versammlungen würde der Herr wohl heute dies sagen? Wie fein wird Christentum und Welt, Wahrheit und Irrtum, Christus und Belial verbunden! Wenige Stimmen regen sich dagegen, und wenn Treugesinnte ein geistliches Empfinden dafür haben, daß solche Dinge nicht mit dem Worte übereinstimmen, so sagt man ihnen, man dürfe das Wort nicht so buchstäblich nehmen. So wie Satan bei der Versuchung des Herrn nicht um ein Schriftwort verlegen war, beweisen auch diese klipp und klar, daß in der Bibel stehe, der Buchstabe töte (2.Korinther 3,6), (vergl. wie in der Bibel auch steht, daß kein Gott sei! - Psalm 14,1).

Diese Klugen, die Gottes unfehlbare Weisheit meinen verbessern zu können, belehren uns, daß die Bruderliebe es erfordere,

tolerant

gegen die Verdreher der Wahrheit zu sein, und daß es empfehlenswert sei, ihre Lehren zu prüfen (da auch die Schrift sage: "Prüft alles und das Gute behaltet"). Zudem könne man gar manches Gute auch noch von diesen lernen, da es hochgebildete, tiefdenkende und ernste Männer seien. Man dürfe wegen kleiner Abweichungen vom Wort sie nicht so streng beurteilen, zumal man auch nicht wissen könne, ob sie nicht bekehrt seien, und wenn sie dieses seien, dann sei es schon das Gebot der Allianz, kleine Meinungsverschiedenheiten über Absonderung, ewiges Verderben, Wortinspiration, Gottheit Christi etc. mit dem Mantel der Bruderliebe zu bedecken und diese Punkte nicht zu berühren.

Die Schrift aber führt eine andere Sprache. Sie lehrt uns, das Gerede von Menschen, die sich von der Wahrheit abwenden, überhaupt nicht zu beachten, noch uns damit abzugeben, noch solchen unsere Aufmerksamkeit zu schenken (Titus 1,14; 1.Timotheus 1,4; 4,1.7; 2.Timotheus 2,23). Gott warnt uns vor jedem Abweichen von dem zuverlässigen Wort und zeigt uns an ernsten Beispielen, welche Folgen Abweichungen, die in den Augen der Menschen noch so klein sind, nach sich ziehen. Denken wir an Mose, der einer kleinen Abweichung wegen den Eingang ins Land verlor, oder an Nadab und Abihu, die dadurch ihr Leben einbüßten. Weiche ein wenig vom Wort ab, und du weißt nicht, wo du enden wirst! Zwei Schienen, die parallel zu laufen scheinen, aber sie weichen um Haaresbreite voneinander ab, und wie gewaltig ist die Abweichung in der Verlängerung! Laßt uns nur ein wenig von dem Wort abweichen und ein wenig von den

Gewohnheiten der Welt aufnehmen, und schnell geht es bergab auf abschüssiger Bahn.

Halte nur Umgang mit diesen netten, toleranten Leuten, die die fremden und ungöttlichen Lehren in ihrer Mitte dulden und nicht erlauben, daß diese Punkte berührt werden, und du wirst bald spüren, wie schnell sich dein Ohr an die fremden Lehren gewöhnt: **Es währt nicht lange - und du hast das geistliche Empfinden für die Verletzung der Wahrheit verloren.** Die Dinge fangen an, dir so klein und geringfügig zu erscheinen, daß du den Protest dagegen einstellst, und dann noch ein Schritt - und du findest kein Unrecht mehr darin. Weshalb schreibe ich all dies? Um zu zeigen, wie wichtig die Ermahnung ist: "Hütet die Herde Gottes!" Mit welcher Wachsamkeit sollten die Augen der Brüder, die einen Ältestendienst ausüben, auf diese Dinge gerichtet sein.

Aber ist die Ermahnung des Paulus, dem zuverlässigen Wort nach der Lehre anzuhangen, allein auf die Ältesten beschränkt? Gelten nicht allen die Ermahnungen, zu reden, was der gesunden Lehre geziemt, gesund zu sein im Glauben, in der Liebe, im Ausharren? In diesen wenigen Versen Titus 1,9-2,8 gebraucht der Apostel fünfmal das Wort "gesund". Mit "gesund" ist das gemeint, was für die Gesundheit förderlich und gut ist. Wenn wir gesund in der *Lehre* sein wollen, dann müssen wir Menschenlehren und -satzungen und auch unsere eigene Meinung aufgeben und dem zuverlässigen Wort der Lehre anhangen. Wenn wir gesund im *Glauben* sein wollen, dann darf nur der Herr vor unserem Auge stehen und nicht mehr Menschen, auch wenn es Brüder sind (Galater 1,10). Wenn doch unter den Kindern Gottes diese Gesundheit in der Lehre und im Glauben mehr vorhanden wäre! Wie lieblich sieht es in Versammlungen aus, wo die Gläubigen nach dem Worte handeln: "Du aber rede" (ob in der Versammlung oder in deinem Haus, im Geschäft oder auf der Straße, ganz gleich, wo du bist) - "rede, was der gesunden Lehre geziemt"!

Aus all dem ersehen wir, welche hohen und ernsthaften Aufgaben die Ältesten hatten.

Wenn sie "mit der gesunden Lehre" ermahnen sollten, wie unumgänglich notwendig war es dann, daß sie "dem zuverlässigen Wort nach der Lehre anhingen". Ein Bruder, der nicht dem zuverlässigen Wort nach der Lehre anhing, konnte keinen Ältestendienst ausüben. Sowohl dies als auch

lehrfähig

zu sein, sind zwei Eigenschaften, die in der Heiligen Schrift für diesen Dienst gefordert werden. Wie notwendig diese beiden Eigenschaften besonders in unseren Tagen sind, wo die Wahrheit oft um der Menschengefälligkeit willen verlassen wird, daß haben wir in dem zuvor gesagten gesehen. Wie können die Ältesten mit der gesunden Lehre ermahnen und die Widerspenstigen überführen, wenn sie selbst die "gesunde Lehre" nicht kennen und dem zuverlässigen Wort nach der Lehre nicht anhängen?! Wer den Ältestendienst ausüben will, der muß seine ganze Aufmerksamkeit der Lehre zuwenden, weil sein Ermahnen und Überführen "mit der gesunden Lehre" geschehen muß.

"Lehrfähig" sein und ein "Lehrer" sein, darf nicht verwechselt werden. Lehrfähigkeit ist etwas anderes, als eine *Gnadengabe* vom Herrn empfangen zu haben. Lehrer, die der Herr Seiner Gemeinde gegeben, hat Er mit dieser besonderen Gabe dafür ausgerüstet. Wenn ein Ältester (wie wir bereits zuvor gesehen haben) auch eine besondere Gnadengabe nach Epheser 4,1; 1.Korinther 12 nicht zu haben brauchte, so mußte er aber doch in der Wahrheit **so unterwiesen** und in der Lehre **so gegründet** sein, daß er **fähig** war, die Wahrheit zu behaupten und in dem Umgang mit den einzelnen praktisch anzuwenden. Seine Ermahnungen mußten auf das Wort gegründet sein und nicht auf Weisheit oder menschliche Grundsätze. In jedem seiner Dienste mußte das Wort Gottes Grundlage und Autorität sein.

Wie verantwortungsvoll sind doch die Aufgaben jener Brüder, die den Ältestendienst in der Gemeinde ausüben! Wieviel Wohl und Wehe hängt von ihrem Dienst für die Gemeinde ab! Es ist deshalb höchst wichtig, sowohl für die Gemeinde, wie auch für die, welche diesen Dienst ausüben, sich in das prüfende Licht des Wortes Gottes zu stellen, damit niemand leichthin seine Hand an den Dienst legt, zu dem er nicht die

göttliche Qualifikation

besitzt. Jemand kann in weltlichen und irdischen Dingen sehr geschickt und sehr fähig sein. Damit aber ist er noch nicht in göttlichen Dingen geschickt und fähig, die Gemeinde Gottes zu besorgen oder zu führen. Ein Bruder kann jung bekehrt und alt an Jahren geworden sein; aber sein Alter allein befähigt ihn noch nicht, der Gemeinde Gottes vorzustehen. Wohl sagt die Heilige Schrift: "Die Tage mögen reden und die Menge der Jahre Weisheit verkündigen" (Hiob 32,7), aber beachte, es heißt, sie "mögen"(!) - nicht, daß sie es "tun".

Es mag hier nützlich sein, einmal die Eigenschaften aufzustellen, die nach der Heiligen Schrift ein Ältester für seinen Dienst haben muß. Der Herr, der Seine Herde liebt, hat die, welche Seine Herde hüten sollen, genau beschrieben. Ein Aufseher soll sein:

1. untadelig,
2. einer Frau Mann,
3. nüchtern, enthaltsam
4. besonnen,
5. sittsam,
6. gastfrei,
7. lehrfähig,
8. nicht dem Wein ergeben,
9. kein Schläger, der Gewalt anwendet,
10. gelinde, nicht zornmütig,
11. nicht streitsüchtig,
12. nicht geldliebend und schändlichem Gewinn nachgehend,
13. der dem eigenen Hause wohl vorsteht und seine Kinder in Unterwürfigkeit hält mit allem würdigen Ernst,
14. kein Neuling,
15. einer, der ein gutes Zeugnis haben muß von denen, die draußen sind,
16. nicht eigenmächtig,
17. das Gute liebend,
18. gerecht,
19. fromm,
20. anhängend dem zuverlässigen Wort nach der Lehre, auf daß er fähig sei, der gesunden Lehre zu ermahnen und zu überführen,

21. fähig, die Herde zu hüten,
22. einer, der die Aufsicht nicht aus Zwang führt, sondern freiwillig, auch nicht um schändlichen Gewinn, sondern bereitwillig,
23. nicht herrschend,
24. ein Vorbild der Herde.

Wenn nicht beachtet wird, daß das hier Gesagte sich nur auf Älteste bezieht, so ist man leicht geneigt, diese für einen Ältesten nötigen Eigenschaften auch als Befähigungs-Ausweis für solche Brüder zu fordern, die, ihrer Gabe gemäß, als Evangelisten, Hirten oder Lehrer den Dienst am Wort ausüben. Wir haben aber kein Recht, das, was die Heilige Schrift ausdrücklich über die moralische und praktische Befähigung der Ältesten für ihren Dienst sagt, willkürlich auf Brüder anzuwenden, die den Dienst nach der ihnen gegebenen Gabe ausüben. Die Schrift unterscheidet, wie wir gesehen haben, sehr genau zwischen diesen beiden. Es ist deshalb bedeutsam, diesen Unterschied zu beachten, denn die Schrift setzt für den Dienst am Wort (sei es als Evangelist, Hirte oder Lehrer) wohl die Gabe für diesen Dienst voraus, nicht aber fordert sie dafür die Befähigung, die für den Ältestendienst nötig ist. Sie erwartet aber, daß der, welcher anderen predigt, nicht selbst *verwerflich* und *unbewährt* sei (1.Korinther 9,27; 2.Korinther 13,6).

Obgleich diese Beschreibung so einfach und klar ist, finden wir doch an keinem anderen Platz im Haus Gottes mehr Personen,

die nicht dahin gehören

als an diesem. Woher kommt es? Weil man nicht wartet, bis der Heilige Geist solche gibt, sondern sie sich selbst wählt. Man findet in der Schrift, daß die Gemeinden im Anfang Älteste hatten, und will nun gleichfalls solche haben. Um dieses zu erreichen, macht man es so, wie einst das Volk Israel, als es zu Samuel sagte: "Setze einen König über uns, der uns richte, wie alle die Nationen haben" (1.Samuel 8,5). Dieser mag nun ein Saul oder ein David sein, man will eben jemand haben, der diesen Platz einnimmt, so gut oder schlecht er auch dahin passen mag. Oft muß dann nach einer solchen Wahl die Gemeinde, wie einst Israel, die Frucht ihrer Torheit tragen. Manche fragen:

Sollen die Gemeinden sich ihre Ältesten nicht wählen?

Es ist bedeutungsvoll, daß wir in der Schrift nirgendwo ein Wort noch ein Beispiel dafür finden, daß eine Gemeinde sich ihre Ältesten selbst gewählt hätte. Selbst in den letzten Briefen des Paulus, als er schon wußte, daß er bald heimgehen würde, machte er nicht die leiseste Andeutung, wie es mit der Fortführung des Amtes dieser apostolisch Angestellten gehandhabt werden sollte. Der Herr hat Vorsorge getroffen, daß uns in der Heiligen Schrift eine Fülle von Belehrungen für die letzten Tage gegeben würden. Aber kein Wort hat er gegeben für eine spätere Einsetzung von Männern in das Amt eines Ältesten. Ist das in der Heiligen Schrift vergessen worden? Wer hat die Schrift gegeben? Wenn wir anerkennen, daß der Heilig Geist sie gegeben hat - kann der Heilige Geist etwas vergessen?

Wenn Gott in Seiner Weisheit nichts bestimmt, wollen wir dann bestimmen? Wenn Er schweigt, sollen wir dann reden? Sollten wir nicht daraus lernen, daß, wenn Er uns nicht zu handeln beauftragt, wir dann in einer so ernsten Sache nichts selber tun sollen? Müssen wir uns im Gegenteil nicht vielmehr sagen, daß Gott den Verfall Seines Hauses und die Zertrennung der einen Herde in viele Spaltungen voraussah, und daß Er deshalb keine Bestimmungen über die Wahl der Ältesten gab, weil dieses Amt über eine ungeteilte Herde mit der Zerrissenheit derselben zu Boden fiel?

Wenn eine Gemeinde sich heute ihre Ältesten wählt, so ist es möglich, daß der Heilige Geist nicht einen von diesen dazu gesetzt hat. So wenig, wie ein Kreis von Gläubigen heute darauf Anspruch erheben kann, die **"eine"** Herde und Gemeinde Gottes an ihrem Ort zu sein, so wenig kann sie sagen, daß ihre Ältesten die Ältesten der Gemeinde Gottes an dem Ort sind. Um Älteste wie in Ephesus zu haben, von denen der Heilige Geist sagt, daß ER sie in die Gemeinde gesetzt hat, müßten wir auch heute die **"eine"** ungetrennte Gemeinde haben. Heute ist aber die Gemeinde in viele Sonderkreise zerteilt, und fast jede Sondergemeinschaft hat ihre "Ältesten", die Interessen ihres Kreises zu vertreten haben.

Haben wir heute keine Ältesten mehr?

Nicht Älteste in der gleichen Weise, wie wir sie in der Heiligen Schrift finden - wohl aber Männer, die den **Ältestendienst** ausüben. Jemand mag fragen: Besteht denn

ein Unterschied

zwischen den Ältesten der Apostelzeit und den Männern, die heute den Ältestendienst ausüben? Ganz gewiß, so wie ein Unterschied besteht zwischen der Gemeinde in der Apostelzeit und der Gemeinde heute. Die Gemeinde damals war unzerrissen und an jedem Ort eine einzige Gemeinde. Sämtliche Gläubige, die an einem Ort wohnten, gehörten dieser Ortsgemeinde an. Die Ältesten, die der Heilige Geist gab, waren die Ältesten dieser einen Gemeinde und wurden von allen Gläubigen an dem Ort als solche anerkannt. Dieser einigen Gemeinde gegenüber steht heute die zerrissene und gespaltene Gemeinde. Gewiß, alle Kinder Gottes an einem Ort sind die Gottesgemeinde an diesem Ort, aber sie sind zerspalten und stehen oft kämpfend einander gegenüber. Fast jede dieser Spaltungen hat sich Älteste gewählt, aber diese werden nicht von allen Gläubigen an diesem Ort als Älteste anerkannt, sondern jeder nur von dem Kreise seiner Wähler. Kann man von solchen gewählten Männern sagen, daß sie die Ältesten sind, die der Heilige Geist diesen Sondergemeinden gegeben hat? So wie ein großer Unterschied zwischen der Gemeinde von einst und heute besteht, so sehen wir auch den großen Unterschied zwischen den Ältesten von einst und heute.

Die Schrift zeigt uns Älteste, die von den Aposteln und von deren Bevollmächtigten gewählt und angestellt wurden, und ihre Amtsstellung gründete sich auf die Autorität ihrer Wähler. Die Stellung der verschiedenen Ältesten heute in den verschiedenen Kreisen gründet sich gleichfalls auf die Autorität ihrer Wähler. Aber welche gottergebene Autorität besitzen diese Wähler heute für solche Wahl? Und wenn diese Wähler dazu nicht göttlich autorisiert sind, welchen Anspruch haben dann die von ihnen gewählten Ältesten auf diesen Titel der Heiligen Schrift? Viele haben mit diesem Titel kaum mehr gemeinsam als nur den Klang des Namens.

Es hat jemand gesagt, wenn ich einem Juden sagen würde, daß ich in meinem Garten einen Ysop habe, so würde er jedenfalls in der Erinnerung, daß diese Pflanze beim Passah zum Sprengen des Blutes gebraucht wurde, interessiert sein, dieselbe zu sehen. Wenn ich ihm dann einen Holunderbusch in voller Blüte zeigen würde, so würde er sicher von meinen Botanik-Kenntnissen überrascht sein. Ich würde ihm gestehen, daß sein Erstaunen gerechtfertigt sei, ihm aber erklären, daß der Ysop doch in der Bibel vorkomme und daß ich alle Pflanzen meines Gartens mit biblischen Namen belege. Jedenfalls würde er mir erwidern, daß es aber sehr verwirrend ist, biblische Namen auf andere Dinge anzuwenden, als wofür die Schrift sie gebraucht. So ist es auch heute, man gebraucht biblische Namen für allerlei Dinge, die die Schrift nicht kennt, und betrügt sich und andere durch den Klang von Worten, als ob damit die Dinge der Heiligen Schrift vorhanden seien. Wenn die Schrift uns belehrt, daß der

Heilige Geist die Spaltungen **verurteilt** (1.Korinther 3), so kann doch niemand daran denken, daß der Heilige Geist in solchen von Ihm verurteilten Spaltungen Älteste anstellt.

Wenn wir so die Unterschiede zwischen den Ältesten jener Tage und unserer Tage sehen und wir somit nicht Älteste mit Titel und Amt wie in den Tagen der ungebrochenen Einheit des Volkes Gottes haben, so haben wir doch

Männer, die den Ältestendienst ausüben, und ihre Befugnis dazu beruht nicht auf ihren "Wählern", sondern auf der Legitimation des Heiligen Geistes in ihren schriftgemäßen Eigenschaften und den Kennzeichen ihres "Werkes".

In ihnen sehen wir die Treue des Herrn zu Seiner Gemeinde trotz ihrer Untreue. Er bleibt Haupt und Heiland Seines Leibes. Er ist treu! Solange der Heilige Geist auf der Erde in Seiner Gemeinde wohnt, solange bleiben nicht nur die zu ihrer Auferbauung nötigen Gaben, sondern auch Männer, die den Aufseherdienst tun. Seine Treue läßt Seine Gemeinde nicht ohne Aufsicht.

Wir lesen: "Wenn jemand

nach einem Aufseherdienst trachtet,

so begehrt er ein schönes **Werk**" (1.Timotheus 3,1). Dieses Trachten weckt der Heilige Geist heute noch in den Herzen der Seinigen. ER legt die Sorge um die Schafe des Herrn einem solchen Bruder ins Herz. Und es ist köstlich, wenn ein Bruder nach einem Aufseherdienst trachtet; aber dieses Trachten nach dem Aufseherdienst muß von dem Heiligen Geist gewirkt sein. Wenn jemand nach einem Aufseherdienst trachtet, um der *erste* in der Versammlung zu sein, so ist er von vornherein von diesem Dienst ausgeschlossen. Wenn jemand nach einem Aufseherdienst trachtet, so begehrt er ein schönes Werk, aber dieses Werk fordert beständige Selbstverleugnung, Demut, Sanftmut, Gnade, Geduld. Wenn dieses Trachten nicht

aus der Liebe zum Herrn

hervorgeht, Seiner Gemeinde sich **selbstverleugnend** und **aufopfernd** im Dienst hinzugeben, so ist er für dieses Werk unbrauchbar. Die Welt hat aus dem Dienst eines Ältesten (oder wie Luther übersetzt "Bischofs") einen hohen, kirchlichen Rang mit reichen Einkünften gemacht. Die Schrift aber zeigt uns, daß es ein Werk ist, welches mit **Mühe** und mit **Sorge** Tag und Nacht und mit **Schmerzen** und **Tränen** verbunden ist. Daß zu einem solchen Werk, welches nur aus dem Drang der Liebe zum Herrn vollführt werden kann, nicht einfach jemand gewählt werden kann, liegt auf der Hand. Man könnte ebensogut jemand wählen zum lieben, oder jemand wählen, demütig zu sein und sich selbst zu verleugnen, wie jemand wählen für den Ältestendienst. Das ist so unmöglich wie das andere.

Aber, sagst du,

die Apostel wählten

solche oder ließen es durch andere tun. Wie wußten sie, daß die, welche sie wählten, diejenigen seien, die der Heilige Geist bestimmt hatte? Obwohl wir wissen, daß die

Apostel mit weit höheren Gaben und Kräften als wir ausgerüstet waren und Machtbefugnisse besaßen, die andere nicht hatten, und weiter, daß sie, unter der Inspiration des Heiligen Geistes stehend, die Übermittler der Worte Gottes waren, so sehen wir doch an vielen Beispielen in der Heiligen Schrift, daß sie in völliger Abhängigkeit, auf die Leitung des Herrn wartend, ihren Pfad wandelten. Wir brauchen ja nur, um dieses zu sehen, die Apostelgeschichte zu lesen. Ich weise auf Apostelgeschichte 16,6-10 hin und weiter auf die Wahl der sieben zur Bedienung der Tische in Apostelgeschichte 6,1-5. Sie wählten solche nicht ohne weiteres, sondern nach bestimmten Kennzeichen. Diese Männer mußten

1. "ein gutes Zeugnis" haben, und
2. "voll Heiligen Geistes" und
3. voll "Weisheit" sein.

Das waren die Eigenschaft, die leitend für die Wahl der Männer sein mußten, die die Tische bedienen sollten. Und so, wie sie bei der Wahl dieser sieben Männer nach bestimmten Kennzeichen handelten, so handelten die Apostel ohne Zweifel auch bei der Wahl jener Männer, die den Ältestendienst ausüben sollten, nach bestimmten Kennzeichen und Eigenschaften. Es liegt auf der Hand, daß die Kennzeichen, die Paulus später Timotheus und Titus beschrieb, dieselben waren, nach denen er in Verbindung mit Barnabas die Ältesten gewählt hatte. Denn Paulus konnte doch nicht Älteste wählen nach anderen Grundsätzen, als er sie Titus beobachten ließ!

Warum wählten die Apostel, als die jungen Gemeinden entstanden waren, nicht sofort im Anfang bei ihrem ersten Besuch die Ältesten? Warum ließen sie darüber eine geraume Zeit bis zu ihrem zweiten Besuch vergehen? Sie warteten, bis der Heilige Geist die offenbar gemacht hatte, die ER für diesen Dienst gebrauchen wollte. In dieser relativ langen Zeit von 1-2 Jahren, die zwischen den beiden Besuchen lag (Apostelgeschichte 14), war die Entwicklung der einzelnen Gläubigen so erkennbar geworden, daß das geistliche Auge der Apostel an ihren Eigenschaften die erkennen konnte, die der Heilige Geist in der Gemeinde als Aufseher gesetzt hatte.

Aber, sagst du,

wenn der Heilige Geist sie einsetzte, wozu war dann die Wahl der Apostel noch nötig?

Kann die Gemeinde nicht die, welche vom Heiligen Geist gewählt sind, ohne die Apostel empfangen und erkennen? Heute wohl, aber nicht zu jener Zeit. *Wir* haben heute die Bedingungen und Eigenschaften der Ältesten in der Heiligen Schrift und diese geben uns Klarheit, die zu erkennen, die der Heilige Geist in den Gemeinden als Älteste gesetzt hat. Aber zu jener Zeit war das Wort Gottes noch nicht vollendet, und die Gemeinden hatten noch nicht die Instruktionen über die Eigenschaften von Ältesten, wie wir sie jetzt in den Timotheus-, Titus- und Petrusbriefen haben. Es war daher notwendig und natürlich, daß sie durch die Apostel (die die Grundlagen der Gemeinde zu legen hatten) oder durch die von den Aposteln Bevollmächtigten gewählt wurden.

Was haben wir nun zu tun?

Wir haben keine Apostel mehr und keine apostolisch Bevollmächtigten und keine Gemeinde in Einheit, aber wir haben den **Heiligen Geist**, denselben, der einst in der Gemeinde die Ältesten setzte. Und **wenn wir auf Ihn warten und Ihm nicht durch unser eigenes Wählen im Wege stehen, wird ER die Männer kennzeichnen, die ER für diesen Dienst bestimmt hat.** Manche zweifeln daran, ob wir heute noch solche Männer haben. Ist die Gemeinde, die Herde Gottes noch auf Erden? Ist der Heilige Geist noch hier? Solange diese noch hier sind, und solange das Wort des Herrn noch gilt:

"Hütet die Herde Gottes!", solange gibt der Heilige Geist auch noch Männer, die diesen Dienst aus Liebe zum Herrn in Seiner Gemeinde tun.

Kennst du diese Brüder? Sie sollten von allen in der Versammlung gekannt sein! Wenn du die Photographie eines Bruders hast, fällt es dir dann schwer, diesen Mann in der Versammlung zu erkennen? Eine solche

Photographie gleichsam hat der Heilige Geist uns von den Ältesten deutlich in ihren Kennzeichen gegeben, daß es einem geistlichen Auge nicht schwer ist, die zu erkennen, die ER in der Gemeinde als Aufseher gesetzt hat, die Gemeinde Gottes zu hüten.

Uns allen gilt die Ermahnung des Herrn, die, welche diesen Dienst tun und uns **vorstehen** im Herrn und uns **zurechtweisen**, anzuerkennen und über die Maßen in Liebe zu achten, **um ihres Werkes willen** (1.Thessalonicher 5,12.13) und die, welche **wohl vorstehen**, doppelter Ehre würdig zu achten, **sonderlich die da arbeiten in Wort und Lehre**, und keine Klage wider solche Brüder anzunehmen, außer, wenn dieselbe sich auf zwei oder drei Zeugen begründet (1.Timotheus 5,17-19).

"Lehre mich, Herr, Deinen Weg,
daß ich wandle in Deiner Wahrheit:
richte mein Herz auf das eine,
daß ich Deinen Namen fürchte!"
Psalm 86,11